Bibliografische Information der Deutschen Nationalbibliothek:

Die Deutsche Bibliothek verzeichnet diese Publikation in der Deutschen Nationalbibliografie; detaillierte bibliografische Daten sind im Internet über http://dnb.d-nb.de/ abrufbar.

Impressum:

Druck und Bindung: Books on Demand GmbH, Norderstedt Germany
ISBN: 9783668392526

Dieses Buch bei GRIN:

http://www.grin.com/de/e-book/353073/europaeische-integration-der-stand-in-ausgewaehlten-politikfeldern-der

Eric Baur

Europäische Integration. Der Stand in ausgewählten Politikfeldern der EU und deren Sinnhaftigkeit und Legitimation

GRIN Verlag

EC Europa Campus Mannheim

Wissenschaftliches Arbeiten

Wintersemester 16/17

Europäische Integration – Pro / Contra

Eingereicht von: Eric Baur

Mannheim, 15.12.2016

Inhaltsverzeichnis

1. Einleitung

Die Europäische Union, im Folgenden EU genannt, steckt in einer existenziellen Krise. Über die Bewältigung der Flüchtlingskrise sind sich die Partner nicht einig, sie befeuert den zumeist antieuropäischen Rechtspopulismus in vielen Mitgliedsstaaten, der in Großbritannien bereits zu einem Votum gegen die Mitgliedschaft des Landes in der Staatengemeinschaft geführt hat. In einigen jüngeren Demokratien des ehemaligen Warschauer Paktes, die erst seit dem Ende des Kalten Krieges in der EU sind, etablieren rechtsgerichtete Regierungen autokratische Strukturen, die den liberalen Statuten des Staatenbundes teilweise unvereinbar entgegenstehen. Zusätzlich bringt sich Russland in der ehemaligen sowjetischen Hemisphäre als aggressiver Konkurrent der EU-Osterweiterung in Stellung und buhlt um den Einfluss auf die früheren Satellitenstaaten des östlichen Militärbündnisses. Zudem ist Moskau zu einem Tabubruch bereit und missachtet, wenn nötig, bei seiner Expansionsstrategie territoriale Grenzen. Zudem scheint es so, als vollführen die USA in Zukunft jenen Rückzug als militärische Schutzmacht Europas, den sie bereits seit Ende des Kalten Krieges angekündigt hatten. Schließlich muss sich die EU zunehmend auch interne Kritik über ihre undemokratische Ausrichtung gefallen lassen.

Dennoch hält der Staatenbund nach wie vor an Bestrebungen fest, die Integration der Union weiter voranzutreiben, sowohl vertikal bei der weiteren inneren soziopolitischen Vertiefung als auch horizontal bei der beabsichtigten geopolitischen Erweiterung, obwohl ein Festhalten an dieser althergebrachten Strategie angesichts der oben geschilderten außen- wie innenpolitischen Umstände als wenig sinnvoll erscheint. Ausgehend von den ursprünglichen Denkmodellen einer europäischen Einigung im 20. Jahrhundert, beleuchtet die vorliegende Arbeit den Stand der Integration in ausgewählten Politikfeldern der EU und erörtert deren Sinnhaftigkeit und Legitimation. Den Ausführungen schließt sich ein Fazit an, das einen Ausblick in die Zukunft wagt und Handlungsempfehlungen ausspricht.

2. Theoretische Grundlagen

2.1. Churchill-Papier: Die Vereinigten Staaten von Europa

Um das tiefe, gegenseitige Misstrauen der ehemaligen Kriegsgegner in Europa nach dem Zweiten Weltkrieg nachhaltig abzubauen und eine Friedensordnung zu etablieren, war eine Strategie zu einer vorsichtigen Annäherung nötig. Churchill formulierte dies bereits 1946 als Aufgabe der „European Family", nach den „frightful nationalistic quarrels" die „United States of Europe" (Altmann 2008) zu schaffen, mit Deutschland und Frankreich in einer Vorreiterrolle. 70 Jahre später wird diese Vision des ehemaligen britischen Premierministers in die Tat umgesetzt und die friedvolle Gestaltung der gegenseitigen Beziehungen durch den Ausbau wirtschaftlicher Grundlagen in den neuen geopolitischen Peripheriestaaten stellt nach wie vor die treibende Kraft der europäischen Integration dar. Die Mitgliedsstaaten der EU sind durch den gemeinsamen Binnenmarkt eng miteinander verflochten und profitieren multilateral von dieser Vernetzung. Diesem Zweck werden sogar die Interessen der nationalen Wirtschaft untergeordnet (vgl. Solka 2015, S. 222).

2.2. Die Paneuropabewegung Coudenhove-Kalergis

Die Idee der „Vereinigten Staaten von Europa", mehr im Sinne eines eng gefassten, letztlich föderalistischen Bundesstaates denn als lockerer Staatenbund mit einer weitgehenden Autonomie der nationalen Gliedstaaten, hat der Österreicher Graf Richard von Coudenhove-Kalergi bereits in den 1920er-Jahren in die Diskussion um einen singulären Staat Europa eingebracht. Tief geprägt von den moralischen und materiellen Verwerfungen des Ersten Weltkrieges als Urkatastrophe des 20. Jahrhunderts ersann er in seinem gleichnamigen Buch das geopolitische Konstrukt eines Paneuropa. Um es einer breiten politischen Öffentlichkeit bekannt zu machen, nutzte er die Massenmedien seiner Zeit. Er verbreitete das Buch in den politischen Eliten des Kontinents, gründete entsprechende Zeitschriften, und rief auch eine eigene Bewegung ins Leben, um seine Idee eines föderalen europäischen Bundesstaates in die Praxis umzusetzen.

Ausgangspunkt dieser tief greifenden Integrationsperspektive war die zum damaligen Zeitpunkt schwierige Aussöhnung der beiden Kriegsgegner und nach wie vor erbitterten Erbfeinde Deutschland und Frankreich. In beiden Ländern, deren gegenseitige Abneigung auch nach dem Krieg noch groß und durch das Versailler

Vertragssystem stets Teil der tagespolitischen Agenda war, waren die Anstrengungen des Schriftstellers und Philosophen besonders groß, seine paneuropäische Bewegung zu etablieren. Immerhin erreichte er eine breite öffentliche Diskussion über integrative Themen in Europa, die in der vorher in einer Katastrophe geendeten Ära der Nationalstaaten und des in weiten Teilen der Bevölkerung verwurzelten Nationalismus als absolutes Tabu galten: eine föderale Verfassung für den Kontinent sowie die dafür vorgesehene Abgabe nationaler Souveränitätsrechte an ein den Staaten übergeordnetes Parlament. Dabei umriss Coudenhove-Kalergi die Geopolitik seines Paneuropas scharf: von Portugal bis Polen sollte es reichen. Russland bzw. die Sowjetunion stufte er durch deren vermeintlich nach Westen gerichteten expansiven Bestrebungen als konsequente Bedrohung seines Konstrukts ein. Auch dem Mutterland der Westminster-Demokratie blieb hier eine tiefe Integration in den paneuropäischen Korpus versagt: Großbritannien war für den Österreicher aufgrund seines Empire eine eigenständige Weltmacht und somit für einen derart intensiven Einigungsprozess nicht geeignet (vgl. Blessing 2008, S. 452 f.).

Coudenhove-Kalergi verfolgte eine tief greifende Integration Europas in einem Zeitalter, in dem sich die Nationen des Kontinents noch immer feindselig gegenüberstanden. Selbst in der aktuellen Situation, die zwar keine kriegerische Vorgeschichte hat, in der aufgrund sozialer Missstände in den Mitgliedsstaaten, einer suboptimalen Außendarstellung der europäischen Institutionen und außenpolitischer Schieflagen durch die Flüchtlingskrise der Nationalismus eine Renaissance erlebt und die Europäische Union in ihren Gliedstaaten zunehmend unbeliebter wird, steht der grundsätzliche Wille zur Kooperation der europäischen Staaten jedoch nicht zur Debatte. Für die politisch interessierte Öffentlichkeit der 1920er-Jahre aber hörte sich ein von den bisherigen Antipoden Deutschland und Frankreich getragener paneuropäischer Bundesstaat, der nationale Souveränitätsrechte an sich zieht, Landesgrenzen abwertet und einen einheitlichen Wirtschaftsraum schafft, utopisch und eher naiv an (vgl. Zelinsky 1997, S. 320 f., Fußnote 92).

Zumal eine paneuropäische Konferenz für den Österreicher das leisten sollte, was schon der Versailler Vertrag 1919 nicht zur Zufriedenheit aller Teilnehmerstaaten regeln konnte und dort nach wie vor politischen Zündstoff barg: den Abschluss eines Schieds- und Garantievertrages, die Klärung von Abrüstungs-, Minderheiten- und

Schuldenangelegenheiten zwischen den Nationen Europas. Das alles sollte dann in die Vereinigten Staaten von Europa münden, in einer pluralistischen Ordnung mit einem 300 Abgeordneten starken Parlament und einem sogenannten Staatenhaus, in das jede Nation jeweils einen Vertreter entsendet. Zu den exekutiven Funktionen der neu gebildeten institutionellen Organe sollten neben der Organisation des neuen Binnenmarktes auch die Außenpolitik des supranationalen Bundesstaates gehören (vgl. Ruge 2003, S. 46). In der Paneuropabewegung Coudenhove-Kalergis ist die europäische Integration in ihrer radikalsten Form zu Ende gedacht, im kompletten Ausradieren des zeitgenössischen Geistes des Nationalismus durch die Schaffung eines Bundesstaates, und ohne die teilweise gravierenden soziokulturellen Unterschiede zu beachten, in denen sich die Nationalstaaten des Kontinents voneinander unterscheiden. Auch hier soll ein einheitlicher Wirtschaftsraum die großen übrigen Unterschiede zwischen den einzelnen Ländern Europas nivellieren. Ein solches Vorhaben scheint damals wie heute kaum realisierbar, zumal sich ein kontinentaler Einigungsprozess heute auf die wirtschaftliche Ebene zu beschränken scheint, anstatt ihr Ausgangspunkt zu sein. Die aktuellen Bemühungen der britischen Regierung, trotz des sogenannten Brexit-Votums der eigenen Bevölkerung den vollen Zugang zum europäischen Binnenmarkt zu behalten, verdeutlichen diese Tendenz.

2.3. De Gaulles Europa der Vaterländer

Die Integrationsvariante des französischen Staatsmannes Charles de Gaulle wurzelt in den vom Kalten Krieg beherrschten 1960er-Jahren. Im Gegensatz zur Ideenwelt Coudenhove-Kalergis, der den europäischen Kontinent zu einem Bundesstaat unter einer weitgehenden Tilgung der einzelnen nationalen Identitäten verschmelzen wollte, bewahrt de Gaulles Ansatz die nationalstaatliche Ordnung und limitiert die Integrationsbemühungen auf die Ebene eines Staatenbundes. Das verbindende Element unter den Ländern sollte eine enge, jedoch nicht supranational institutionalisierte Zusammenarbeit sein. Geografisch dehnt sich das betreffende Kerneuropa auf Frankreich, Deutschland und die Beneluxstaaten aus, wobei der Franzose Paris die Führungsrolle des Staatenbundes zudachte. Eine Aufgabe des Europa der Vaterländer sollte die Entspannung zwischen den Machtblöcken des Warschauer Paktes und der NATO sein, des zur damaligen Zeit omnipräsenten Themas auf der tagespolitischen Agenda. Sollte dieser Gegensatz schließlich aufgehoben sein, könne sich der Staatenbund auf ganz Kontinentaleuropa, inklusive der damaligen Sowjetunion, ausdehnen. Das Konstrukt de Gaulles brachte jedoch auch dessen tiefes Misstrauen gegen die Führungsstaaten der Anglosphäre, die USA und Großbritannien, zum Ausdruck. Während das britische Empire genau wie bei Coudenhove-Kalergi nicht inkludiert wurde, sollte das Europa der Vaterländer auch ein Gegengewicht zum damaligen Einfluss Washingtons auf den europäischen Kontinent bilden (vgl. Defrance/Pfeil 2014, S. 83 f.).

De Gaulle verglich sein europäisches Modell mit der Ordnung nach dem Wiener Kongress 1815, als sich die damals monarchistischen Staaten auf eine enge Zusammenarbeit einigten. Sie hätte damals fast 40 Jahre lang Frieden und Stabilität garantiert. Allerdings waren viele der damals beteiligten Staaten pränationalen Charakters, wie etwa die Vielvölkerstaaten Russland und Österreich. Zudem kam die erneute Machtübernahme des Staatsmannes in Frankreich Ende der 1950er-Jahre zu spät, um die ihm suspekte supranationale Institutionalisierung noch aufzuhalten. Die Montanunion als Vorläufer der EG bzw. EU war bereits funktionsfähig. Hier wurde die politische Annäherung der ehemaligen Feinde wieder durch wirtschaftlichen Austausch bewerkstelligt, indem die jeweiligen Mitgliedsstaaten Kohle und Stahl zollfrei handelten. Eine Revision dieser Schritte hätte Frankreich mehr geschadet als genutzt, dennoch arbeitete de Gaulle unter diesen bereits bestehenden Rahmenbedingungen in seiner Amtszeit kontinuierlich an der Wahrung nationalstaatlicher Souveränitätsrechte. In den bereits bestehenden supranationalen Institutionen setzte er das Prinzip des einstimmigen Votums gegen das Mehrheitsprinzip durch, wehrte sich gegen weitergehende politische Integrationstendenzen in Westeuropa und zog die französischen Streitkräfte aus der integrierten Kommandostruktur der NATO ab, um seinem Idealbild eines Europas der Vaterländer möglichst nahezukommen, obwohl die Zeichen der Zeit bereits auf einer supranationalen Administrierung des europäischen Einigungsprozesses standen (vgl. Rovan 1992, S. 55 f.). Erst nach dem Ende der Ära de Gaulles an der französischen Staatsspitze Ende der 1960er-Jahre konnte die westeuropäische Staatengemeinschaft vom Prinzip des horizontalen Beziehungsgeflechtes zwischen den gleichberechtigten, langfristig eigenständigen Nationen wieder zu einer vertikalen Vertiefung der gemeinsamen Integration übergehen. Da de Gaulles Vorgehen auf europäischer Ebene jedoch lange keine schnellen, sondern nur langatmige Verhandlungsergebnisse aufgrund des Einstimmigkeitsprimats zuließ, dauerte es bis in die 1980er-Jahre hinein, ehe der Einfluss des Konstrukts eines Europas der Vaterländer entscheidend zurückgedrängt werden konnte. Dennoch lebte die Idee dieses Modells auch innerhalb der Gemeinschaft weiter fort, paradoxerweise durch den Beitritt Großbritanniens, den de Gaulle während seiner Amtszeit stets erfolgreich zu verhindern suchte. London übernahm den Widerstand gegen eine supranationale Vereinheitlichung und den Verlust nationalstaatlicher Kompetenzen von Paris.

Die mittlerweile handlungsfähigen Institutionen der Europäischen Union, wie etwa die mit exekutiven Befugnissen ausgestattete Europäische Kommission, exportieren die Wirkungsmacht der Vertragswerke zwischen den Partnern in den nationalstaatlichen Raum hinein und drängen so den Einfluss der nationalen Exekutivorgane zurück. Dieses Prinzip trifft in jüngster Vergangenheit jedoch auf einen stärkeren Widerstand bei den Gliedstaaten. Während Großbritannien gar die Europäische Union verlassen will, wehren sich vor allem die neuen ost- und südosteuropäischen Mitglieder des ehemaligen Warschauer Paktes gegen die Kontingentierung und entsprechende Aufnahme von Flüchtlingen und propagieren dabei eine Renationalisierung ihrer Kompetenzen (vgl. Gnauck 2016). Das bei konservativen Gruppierungen nach wie vor beliebte Konzept eines Europas der Vaterländer de Gaulles, das bei allen nutzbaren, vor allem ökonomischen, Gemeinsamkeiten eine größtmögliche Distanz zwischen den Partnern wahrt und mithin kein Integrationsprogramm darstellt, scheint aktuell eine Renaissance mit Aussicht auf Erfolg zu feiern (vgl. Welt.de, 29.06.2016).

3. Der Integrationsgrad der Politikfelder

3.1. Höchster Grad der Integration: Der EU-Binnenmarkt

Nachdem das den Nationalstaat erhaltende Leitmotiv de Gaulles aus der gemeinsamen Politik der europäischen Staatengemeinschaft verschwunden war, konzentrierte diese sich auf den Sektor, der seit den Anfängen in den 1950er-Jahren die politische Integration vorantreiben sollte: die Schaffung des gemeinsamen Binnenmarktes. Hier wurden von den Mitgliedsstaaten konkrete Schritte in Angriff genommen, deren konsequente und kollektive Umsetzung einen rasanten Fortschritt hin zum beabsichtigten Ziel brachten. Zwar gab es schon seit Ende der 1960er-Jahre eine funktionstüchtige Zollunion, dennoch verfügten einzelne Länder auch noch 15 Jahre später über protektionistische Überbleibsel, die das Vorhaben des Binnenmarktes zum Zwecke eines allgemeinen Wohlfahrtsgewinns und damit einer politischen Stärkung der damaligen Europäischen Gemeinschaft überwinden wollten (vgl. Zschiedrich 1993, S. 58 ff.). Somit mussten über die Zollfreiheit hinaus weitere sogenannte nicht-tarifäre Handelshemmnisse abgebaut werden, die etwa im Anpassungszwang ausländischer Waren und Dienstleistungen an Gegebenheiten des jeweiligen einheimischen Marktes bestanden. Dazu formulierte die Gemeinschaft vier Grundfreiheiten, die als Grundpfeiler des westeuropäischen Binnenmarktes gelten sollten:

- **Freizügigkeit der Arbeitnehmer**: Jeder Bürger eines Mitgliedsstaats darf in anderen Mitgliedsstaaten der Gemeinschaft Arbeit suchen.
- **Niederlassungsrecht**: Selbstständige oder Gesellschaften können sich in anderen Mitgliedsstaaten niederlassen, um dort Waren und Dienstleistungen anzubieten.
- **Dienstleistungsfreiheit**: Dienstleistungen dürfen an Empfänger erbracht werden, die in anderen Mitgliedsstaaten der Gemeinschaft ansässig sind.
- **Kapitalfreiheit**: Freiheit der Kapitalflüsse und des Zahlungsverkehrs über die Grenzen hinweg.

Diese Regelungen ziehen einen ganzen Katalog von Anforderungen nach sich, die die europäische Integration auf der Basis einer immer mehr nivellierten Produktivität in den einzelnen Mitgliedsstaaten weiter vertiefen, etwa eine Währungsunion, gemeinsame sozialpolitische Standards und vermehrter Wettbewerb unter Zurückdrängung nationaler, protektionistischer Instrumente wie etwa Subventionen. Dadurch wird der Verbraucher finanziell deutlich entlastet und erhält ein breiteres Angebot an Waren und Dienstleistungen. Die Bevölkerung des europaweiten Binnenmarktes bekommt dessen Vorteile somit unmittelbar zu spüren. Bis das finale Stadium des einheitlichen Wirtschaftsraumes erreicht war, erfolgten viele Zwischenschritte, angefangen von bilateralen Zollpräferenzen für bestimmte, ausgewählte Güter, die übrigens auch Staaten außerhalb der Gemeinschaft gewährt wurden, bis hin zu einer Freihandelszone. Diese gewährte zwar innere Zollfreiheit, nach außen waren deren Gliedstaaten jedoch nach wie vor berechtigt, gegenüber Drittstaaten individuelle Zölle zu erheben. So standen dem Wegfall bürokratischer Hürden im Inneren der Zone neue Hindernisse ähnlicher Art nach außen gegenüber, da Waren einen Herkunftsnachweis führen mussten, wenn sie importiert wurden. Trotzdem entfaltete die Schaffung eines einheitlichen westeuropäischen Wirtschaftsraumes auch eine Sogwirkung auf andere europäische Freihandelszonen wie etwa die bis dahin konkurrierende EFTA, in der sich europäische Staaten zusammenfanden, die nicht Mitglied der Gemeinschaft waren. Sie profitierten nach entsprechenden Abkommen fortan ebenfalls von den Grundfreiheiten des Binnenmarktes, ohne jedoch ansonsten politisch in der Gemeinschaft inkorporiert zu sein (vgl. Zschiedrich 1993, S. 55 ff.).

3.2. Die Gemeinsame Sicherheits- und Verteidigungspolitik

Auf dem besonders sensiblen Politikfeld der Sicherheits- und Verteidigungspolitik, das den Kernbestand nationaler Souveränitätsrechte berührt, ist die europäische Integration weit weniger fortgeschritten als auf dem Wirtschaftssektor. Zeitlich parallel zu den Bemühungen einer ökonomischen Integration, also seit den 1950er-Jahren, gab es auch auf dem verteidigungspolitischen Sektor Bestrebungen zu einer supranationalen Zusammenarbeit, etwa das Konzept einer Europaarmee, doch insbesondere Frankreich blockierte wiederholt solche Ambitionen, aus Angst vor einer deutschen Wiederbewaffnung und dem steten Unwillen das Kommando über die eigenen Streitkräfte zu delegieren (vgl. Howarth 2003, S. 51). Im Laufe der Zeit unterlag die sicherheitspolitische Komponente des europäischen Integrationsprozesses zahlreichen Modellversuchen, die immer wieder versuchten, politische und militärische Ressourcen nach dem Vorbild der NATO zu bündeln, doch immer wieder obsiegte hier das Festhalten an der nationalstaatlichen Souveränität gegenüber dem Willen, eine schlagkräftige und damit außen- und sicherheitspolitisch ernst zu nehmende Alternative zur einzig verbliebenen Supermacht USA zu bilden. Im aktuellen Fall der Gemeinsamen Sicherheits- und Verteidigungspolitik, im Folgenden GSVP genannt, hat das auch mit den geringen Mitteln zu tun, die ihr von den Teilnehmerstaaten zur Verfügung gestellt werden (vgl. Müller-Brandeck-Bocquet/Rüger 2015, S. 239 ff.). Die supranationale Integration findet auf diesem Sektor über die persönliche Vernetzung der Akteure statt, die sich im sogenannten „Politischen und Sicherheitspolitischen Komitee“ regelmäßig austauschen. Hier treffen sich in jeweils unterschiedlichen personellen Zusammensetzungen nationale EU-Botschafter oder Vertreter der jeweiligen Außenministerien unter dem Vorsitz des (nur partiell anwesenden) Hohen Vertreters der EU für Außen- und Sicherheitspolitik, um sich zweimal die Woche abzustimmen. Das Ziel des Europäischen Rates, für die praktische Durchführung oder Unterstützung sicherheitspolitischer Maßnahmen ein Korps von 60.000 Mann aufzustellen, das innerhalb von 60 Tagen einsatzbereit sein und eine stationäre Mindestdauer von einem Jahr haben soll, ist aufgrund der mangelnden Budgetierung durch die Teilnehmerstaaten infrage zu stellen. Schon die materielle und personelle Ausstattung der zivilen, nichtmilitärischen Operationen lässt die GSVP schnell an die Grenzen des Machbaren stoßen. 5.000 Polizisten stellten die Gliedstaaten hierfür zur Verfügung, angesichts der Fülle der weltweiten Aufgaben eine geringe Anzahl (vgl. Kohler-Koch/Conzelmann/Knodt 2004, S. 279).

Die nationalen Defizite hinsichtlich dieses integrativen und für die Außenwirkung der EU entscheidenden Projekts sind schnell benannt: Die Ausgaben der Mitglieder für den eigenen Verteidigungshaushalt sind vergleichsweise gering, eine diesbezügliche Erhöhung der Mittel gegenüber der politisch interessierten Öffentlichkeit in vielen Ländern nur schwer durchsetzbar; zusätzlich sind noch immer viele Nationalarmeen der EU nicht auf Auslandseinsätze vorbereitet, da sie vielfach noch an den Territorialstrategien des Kalten Krieges ausgerichtet sind. Die materielle und ausbildungsspezifische Harmonisierung zwischen den Westeuropäern, die zumeist seit Jahrzehnten NATO-Mitglieder sind, und den in den letzten 20 Jahren hinzugekommenen ehemaligen Mitgliedsstaaten des Warschauer Paktes stellt sich als langwieriger, integrationshemmender Prozess dar. Um diese Annäherung zu beschleunigen, führte die EU einen „Mechanismus zur Beurteilung der militärischen Fähigkeiten“ ein, um die Fortschritte der Mitgliedsstaaten in ihrem Verteidigungsbeitrag zu überprüfen. Dennoch blieb dieser Beitrag letztendlich auf freiwilliger Basis und somit kein verpflichtender Integrationsschritt der GSVP (vgl. Kotthoff 2011, S. 241).

Letztendlich krankt das Politikfeld der Außen- und Sicherheitspolitik an der Unverbindlichkeit der getroffenen Übereinkünfte und dem Verbleiben der Entscheidungskompetenzen im nationalen Handlungsrahmen. Mit den entsprechenden Modellen, von der „Europäischen Politischen Zusammenarbeit“ in den 1970er-Jahren über die Gemeinsame Außen- und Sicherheitspolitik in den 1990er-Jahren bis zur heutigen GSVP, gingen jeweils einleuchtende Handlungsmaxime einher, die jedoch immer auch unverbindlich und vor allem theoretisch blieben. Eine EU-weite Integration auf dem außenpolitischen Sektor wurde als zwingend dargestellt, um eine einheitliche Reaktion auf weltweite Krisensituationen vorweisen zu können. Dennoch harren die Texte der supranationalen Organisationen zumeist einer Umsetzung in die Realität. Kohler-Koch, Conzelmann und Knodt leiten aus diesen Verlautbarungen eine „legitimierende Rhetorik“ ab: Es entstünden durch akute Krisenszenarien „Handlungszwänge“, denen der europäische Staatenbund nur kollektiv begegnen könne, und zwar durch eine „Entwicklungslogik“, einen organischen Prozess, in dem die außen- und sicherheitspolitische Kooperation der Partner automatisch immer enger werden würde (vgl. Kohler-Koch/Conzelmann/Knodt 2004, S. 281).

In den regionalisierten Konfliktszenarien, die seit dem Ende des Kalten Krieges die außenpolitische Tagesordnung beherrschen, hoffen die Institutionen der EU, unter der Fokussierung auf einen imaginären, schemenhaft skizzierten Gegner, eine Einigkeit unter den Mitgliedern zu erzielen und dadurch eine vertiefte Integration herbeizuführen. Dem vermeintlich geordneten System des Staatenbundes wird eine politisch asymmetrische und konfliktbeladene Außenwelt gegenübergestellt, gegen die es die eigene Wertegemeinschaft zu verteidigen gilt: „Damit sind alle wichtigen Elemente zur Legitimierung einer EU Außen- und Sicherheitspolitik vorhanden: Der Nachweis von Handlungsbedarf, die Begründung für die Notwendigkeit gemeinsamen Handelns und die Festlegung der Identität des Akteurs“ (Kohler-Koch/Conzelmann/Knodt 2004, S. 281). Ohne eine entsprechende, schlüssige Beweiskette herzustellen, verknüpft die EU ihre Vorstöße zur sicherheitspolitischen Integration nur oberflächlich mit markanten historischen Wendepunkten. Sie postuliert „Aktions- und Reaktionsschemata“ für ihre spekulativen Konfliktszenarien und lässt dabei außer Acht, dass zumindest eine vorsätzliche Aktion auch eine

Zieldefinition beinhalten sollte, um glaubwürdig zu wirken. Hier liefern die Institutionen des europäischen Staatenbundes jedoch nur die üblichen, wenig konkreten Oberbegriffe wie die Verteidigung westlich-pluralistischer Werte oder Sicherheit und Frieden. Somit übertüncht die EU mit solch hehren Absichtserklärungen und Beschwörungsformeln die schlichte Tatsache, dass die Determinanten europäischer Außenpolitik noch immer zuvorderst in den Mitgliedsstaaten selbst festgelegt werden und nicht durch die EU-Gremien selbst, in denen diese unterschiedlichen Interessen in Einklang gebracht werden müssen (vgl. Kohler-Koch/Conzelmann/Knodt 2004, S. 282). Die von den Autoren angeführte legitimierende Rhetorik zielt somit nicht auf eine schlagkräftige, gemeinsame Außenpolitik, sondern verschafft den supranationalen Institutionen selbst eine Daseinsberechtigung.

Eine effektive außenpolitische Agenda bräuchte die EU jedoch jetzt angesichts der aktuellen politischen Entwicklungen in jenem Land, das seit dem Zweiten Weltkrieg Westeuropa als Schutzpatron vor externen Bedrohungen geschützt hat. Der neu gewählte US-Präsident Donald Trump hat angekündigt, Europa und anderen Regionen der Welt den bisher gewährten militärischen Schutzschirm zu entziehen, oder sich für diese Leistung materiell entschädigen zu lassen. Grundsätzlich betreibe er eine isolationistische Politik. Selbst Barack Obama stellte nur ungern Truppen zur Verfügung, um weltweite Krisenregionen zu befrieden (vgl. Gujer 2016). Dabei ist dieser Gedanke der Vereinigen Staaten, ihre Rolle als „Weltpolizist" erheblich einzuschränken, nicht neu. Bereits Bill Clinton verfolgte diese Strategie in den 1990er-Jahren, da er die Präsenz US-amerikanischer Truppen auf europäischem Boden im damals gegebenen Umfang nach dem Ende des Kalten Krieges nicht mehr für nötig hielt (vgl. Livingston 1994). Höchste Zeit also für Europa, der mit 28 Ländern größte Staatenbund, eine eigene, von den USA emanzipierte und integrative Sicherheitsarchitektur zu kreieren und in die Tat umzusetzen, anstatt in den supranationalen Institutionen abstrakte Modelle zu entwerfen, deren Realisierung bei näherer Betrachtung kaum möglich erscheint.

3.3. Das Prinzip der Subsidiarität

Gerade im außen- und sicherheitspolitischen Bereich ist also das gegenseitige Misstrauen zwischen den EU-Partnern und wechselseitig dazu die Wahrung der nationalen Rechte auf diesem Gebiet sehr ausgeprägt. Während die Integration auf der supranationalen Ebene der Institutionen voranschreitet, bleibt die Bevölkerung der Mitgliedsstaaten weit hinter dieser Entwicklung zurück. Um es mit dem ehemaligen deutschen Außenminister Joschka Fischer zu sagen, entwickeln sich zwei Parallelwelten innerhalb der EU: das Europa der Staaten und das Europa der Bürger (vgl. Kalina 2009, S. 17 f.). Die Kluft zwischen diesen beiden Polen der europäischen Integration ist mittlerweile so groß, dass die Rufe nach einem graduellen Rückschrauben der institutionellen Verschmelzung immer lauter werden. Das zu schnelle quantitative Wachstum der Gemeinschaft nach dem Zusammenbruch des Warschauer Paktes und der problematische Versuch, diesem zusammengewürfelt wirkenden Gebilde extrem heterogener soziokultureller Völker eine gemeinsame Konstitution zu geben, verstärken den Eindruck eines Demokratiedefizits, und noch viel eklatanter, einer mangelnden Daseinsberechtigung, einer „Legitimitätskrise" der EU (vgl. Kalina 2009, S. 18).

Dabei verfügt die EU über das Prinzip der Subsidiarität, das ein hohes Maß an Bürgernähe garantieren soll. Bereits in der Präambel des Vertrages zur Gründung der Europäischen Gemeinschaft heißt es, dass diese ein entscheidendes Kriterium für die zu treffenden Regelungen sei. Artikel Fünf dieses Vertrages gießt diese Absichtserklärung gar in eine offizielle Rechtsform: „In den Bereichen, die nicht in ihre ausschließliche Zuständigkeit fallen, wird die Gemeinschaft nach dem Subsidiaritätsprinzip nur tätig, sofern und soweit die Ziele der in Betracht gezogenen Maßnahmen auf Ebene der Mitgliedsstaaten nicht ausreichend erreicht werden können und daher wegen ihres Umfangs oder ihrer Wirkungen besser auf Gemeinschaftsebene erreicht werden können" (Dejure.org 2016; Art. 5 EG-Vertrag). Die Begrenzung der Regulierung wird wiederum durch vielfache Bestimmungen innerhalb und außerhalb des EU-Apparates kontrolliert. Nach dem Protokoll über die Rolle der nationalen Parlamente in der Europäischen Union können diese über die Subsidiarität und die Verhältnismäßigkeit der von den supranationalen EU-Organen entworfenen Gesetze entscheiden (vgl. Dejure.org 2016; Art. 12 EU-Vertrag). Sind die nationalen Vertretungen mit einem solchen Entwurf nicht einverstanden, haben sie die Möglichkeit, über eine Subsidiaritätsklage gegen das Vorhaben vorzugehen.

Wie bei vielen hier bereits dargestellten Aspekten des europäischen Staatenbundes hört sich dieses Subsidiaritätsprinzip in der Theorie gut an, ohne jedoch in der Praxis entsprechend zu greifen. Es bleibt ein ebenfalls hoch umstrittenes Prinzip der supranationalen Regulierungsbegrenzung. Vor allem der mächtigen EU-Kommission wird vorgeworfen, mittels einer technokratischen Ausrichtung ihrer vorgeschlagenen Rechtsakte die nationalen Parlamente zu marginalisieren. Deswegen sollte die demokratische wie machtpolitische Stellung des europäischen Parlamentes entscheidend gestärkt werden. Dazu gehöre die ihm bisher nicht gewährte Wahlgleichheit, durch die jene nach Bevölkerungszahlen kleineren Länder gegenüber größeren nicht mehr überproportional vertreten wären. Weiterhin sollten die initiativen Legislativrechte von der Kommission auf die Volksvertretung übergehen. Die personelle Zusammensetzung der Kommission sollte überdies nationalen Parlamenten übertragen werden, um das Machstreben des bisher einflussreichsten EU-Organs einzudämmen (vgl. Scholz 2013, S. 44 ff.). In seiner bisherigen Form sei das europäische Parlament lediglich ein „supranationales Vertretungsorgan" ohne umfassende demokratische Legitimation (vgl. Cremer 2012, S. 252 f.).

3.4. Die EU als defizitäre und intransparente supranationale Demokratie

Die Einschätzung eines politischen Gebildes als demokratisch oder pluralistisch erfolgt in der Politikwissenschaft regelgerecht nach drei entscheidenden Kriterien. Zunächst ist es entscheidend, ob die Bürger des europäischen Staatenbundes politische Gleichheit genießen. In der Konsequenz heißt das zunächst, dass jede Stimme, die der jeweils Stimmberechtigte als Teil des Staatsvolkes als Souverän abgibt, die gleiche Gewichtung erhält. Es kann hierbei keine Sonderrechte, etwa für Minderheiten, geben, deren Stimmen mehr zählen würden als jene einer anderen gesellschaftlichen Gruppierung. Ist der politische Wille vorhanden, die Rechte von Minderheiten innerhalb des Staatenbundes dennoch zu respektieren und in ein insgesamtes Wahlergebnis einfließen zu lassen, hätte dies über ein Vetorecht zu geschehen. Bezogen auf die EU hieße dies, dass etwa nach der Bevölkerungszahl kleinere Mitgliedsländer das autonome Votum ihrer eigenen Staatsvölker einbringen könnten, ohne dass deren Stimmenvolumen in der Gesamtzahl aller EU-Wähler untergehen würde, sodass letztlich auch eine Mehrheit durch Teilstaaten gebildet werden könnte (vgl. Grözinger 2003, S. 212).

Schon bei diesem Kriterium kann das Wahlrecht zum EU-Parlament die demokratischen Regeln kaum erfüllen. Bevölkerungsmäßig kleine Nationen haben im supranationalen Parlament des Staatenbundes eine überproportional große Gewichtung ihrer Stimmen. Die sogenannte fallende Proportionalität, nach der nach Einwohnern größere Nationen zwar mehr Abgeordnete erhalten, kleineren Ländern nach diesem Verteilungsprinzip jedoch mehr Sitze pro Einwohner zustehen, sorgt für diese Schieflage. So stehen hinter einem Vertreter aus dem bevölkerungsärmsten Malta mit 400.000 Einwohnern etwa 76.000 Menschen, ein EU-Parlamentarier aus dem mit 82,5 Mio. bevölkerungsstärksten Deutschland vertritt 826.000 Bürger (vgl. Piepenschneider 2005, S. 23). Maltas Stimmenanteil hätte somit ungefähr elfmal mehr Gewicht als der bundesdeutsche. Die so gearteten Unterschiede zwischen den im EU-Parlament vertretenen Nationen erinnern an das preußische Dreiklassenwahlrecht des 19. Jahrhunderts, das, in den Mitgliedsstaaten selbst angewandt, heute zu einem hohen gesellschaftlichen Konfliktpotenzial führen oder die ohnehin schwächelnde Wahlbeteiligung noch weiter sinken lassen würde (vgl. Cioli 2003, S. 194 f.). Welcher moderne Bürger würde sich eine solche Gewichtung seiner eigenen Stimme gefallen lassen?

Und weiter: Welcher Bürger würde sich gerne in einen Staatenbund integrieren lassen, der ein solches Wahlrecht anwendet? Die Reaktion auf diesen Missstand innerhalb der EU ist jedoch leider nicht Protest, sondern eine niedrige Wahlbeteiligung. Und auf diese Situation wird auf der administrativen Ebene der supranationalen Institutionen nicht entsprechend reagiert. Es fehlt der Wille zu einer Reform des Wahlrechts, das diese undemokratische Behandlung beseitigt (vgl. Kalina 2009, S. 413). Die ungleiche Gewichtung der Wählerstimme jedes EU-Bürgers bleibt Bestandteil jedes neueren Vertragswerkes, das die Kommission den nationalen Parlamenten zur Überprüfung vorlegt.

Für einen positiven Bescheid hinsichtlich einer demokratischen Ausrichtung der EU ist als zweites Kriterium die Einsicht des Wahlvolkes in die Entscheidungen der von ihnen gewählten Vertreter nötig, also das Maß der Transparenz. Dabei müssen sich die Abgeordneten selbst zunächst ein versiertes Verständnis der Partizipation im Parlament aneignen. Nicht weniger als acht verschiedene Modi gibt es dort, mit denen der einzelne Parlamentarier Einfluss auf die jeweiligen Entscheidungen hinsichtlich der Gesetzgebung nehmen kann. Auf der anderen Seite werden im sogenannten Rat der Europäischen Union, in dem die Mitgliedstaaten in einer Länderkammer vertreten sind, wichtige Entscheidungen für die EU immer noch unter dem Siegel der Exklusivität getroffen. Zumeist kümmert sich der Bürokratieapparat bereits im Vorfeld um die Ausarbeitung eines Kompromisses. Sind einzelne Vorhaben in diesem wichtigen Gremium umstritten, haben die Wähler auch dabei keine Einsicht in die Entscheidungsprozesse. Die entsprechenden Protokolle sind für die Allgemeinheit nicht einsehbar (vgl. Grözinger 2003, S. 213).

Also muss der EU auch auf diesem Sektor ein negativer Bescheid ausgestellt werden.

Schließlich gilt es, das dritte Kriterium zu überprüfen, das der Verantwortlichkeit der gewählten Volksvertreter. Das heißt, es wird geprüft, wie adäquat diese Vertreter durch ihr Vorgehen im EU-Parlament den Mehrheitswillen des Volkssouveräns dort abbilden. Wurde die Volksvertretung in den letzten Jahren auch mit immer mehr Rechten ausgestattet, bleibt sie in der Wahrnehmung der politischen Öffentlichkeit der Europäischen Union noch immer ein mehr oder minder machtfreier Debattierclub (vgl. Krupa 2013). Aufgrund ihres gezwungenermaßen sehr föderativen Charakters als Staatenbund hat hier der Bundesrat in Form des EU-Rates die größeren Kompetenzen, wenn man die politische Struktur der EU mit der bundesdeutschen vergleicht. Das EU-Parlament in Straßburg hingegen kann mit der Machtfülle des Bundestages auf nationaler Ebene nicht konkurrieren. Eine solche Rolle des deutschen Parlamentes wäre der bundesdeutschen Öffentlichkeit nicht vermittelbar. Der Bundesrat als Machtzentrum und nicht als in der Gesetzgebung mitwirkendes Verfassungsorgan, wie im Grundgesetz vorgesehen, vertritt zu sehr die Partikularinteressen der einzelnen Landesregierungen, um als Repräsentation aller Deutschen wahrgenommen zu werden. Legt man weiterhin einen kurzen Weg vom politischen Votum zur politischen Manifestation als Merkmal einer guten Demokratie an, scheitert das pluralistische Konzept der EU gänzlich, sind doch zwischen Wählerwillen und parlamentarischer Entschlussfassung zum Beispiel mit dem Rat legislative Zwischenschritte eingebaut, die „dem ganzen Prozess eine enervierende Langatmigkeit verleihen“ (Grözinger 2003, S. 214). Auch hier kann die EU also keine demokratischen Mindeststandards erfüllen.

Die EU erfüllt also letztendlich keine der drei von Grözinger formulierten Kriterien an eine funktionstüchtige Demokratie (vgl. Grözinger 2003, S. 212). Der Vorwurf des Demokratiedefizits und der Intransparenz der Entscheidungsprozesse trifft also zu und die EU hätte es hiermit selbst schwer, als Staat in dieser Gemeinschaft aufgenommen zu werden. Um den Integrations- und Identifikationsprozess der EU-Bürger dennoch weiterhin zu fördern, stellt die weitere Ausstattung des EU-Parlamentes mit originären Rechten der EU-Räte jedoch kein Allheilmittel dar. Grözinger plädiert dafür, das bisher dennoch erfolgreiche Funktionieren der europäischen Staatengemeinschaft, etwa bei der Verwirklichung des Binnenmarktes, an dem auch die Briten weiter teilhaben wollen, vom Ergebnis der

Prozesse, ihrem Output, her zu denken. Und da kommt auch der Flensburger Sozialökonomiker nicht umhin, der plebiszitären, demokratisch-pluralistischen Integration einen eher niedrigen Stellenwert für die Funktionstüchtigkeit der EU zu geben, sie sogar davor zu schützen: „Der erstaunliche Erfolg der EU lebe vermutlich von der bisherigen Mischung aus der von dem direkten Willen der Völker abgeschirmten Expertokratie und dem Politiknetzwerk der Exekutiven" (Grözinger 2003, S. 214).

3.5. Nation-Building am Scheideweg

Das sogenannte „Nation-Building" eröffnet der EU die Möglichkeit, besonders in den demokratisch noch nicht gefestigten, relativ jungen Demokratien Osteuropas, die entweder der Union schon beigetreten sind oder einen entsprechenden Antrag gestellt haben, bereits beim administrativen Aufbau dieser Staaten eine unionskompatible Integration von unten zu etablieren. Eine jeweils nationale Administration herauszubilden, die ein möglichst reibungsloses Andocken an die politischen und wirtschaftlichen Statuten und Anforderungen des größten Staatenbundes der Welt gewährleistet, stellt eine besondere Herausforderung für die Gemeinschaft dar. Schließlich sind die meisten Länder der drei unterschiedlichen Operationsgebiete Südosteuropa, Osteuropa und Südkaukasus in den letzten 25 Jahren seit dem Ende des geopolitischen Blockgegensatzes in Europa durch eine Vielzahl von substanziellen Konflikten und Krisen gegangen (vgl. Bundesministerium für wirtschaftliche Zusammenarbeit und Entwicklung 2016, S. 4).

Vor diesem Hintergrund haben es die meisten Beitrittskandidaten schwer, die sogenannten Kopenhagener Kriterien zu erfüllen, welche die EU an jeden Perspektivstaat einer Mitgliedschaft anlegt: „Als Voraussetzung für die Mitgliedschaft muss der Beitrittskandidat eine institutionelle Stabilität als Garantie für demokratische und rechtsstaatliche Ordnung, für die Wahrung der Menschenrechte sowie die Achtung und den Schutz von Minderheiten verwirklicht haben; sie erfordert ferner eine funktionsfähige Marktwirtschaft sowie die Fähigkeit, dem Wettbewerbsdruck und den Marktkräften innerhalb der Union standzuhalten. Die Mitgliedschaft setzt außerdem voraus, dass die einzelnen Beitrittskandidaten die aus einer Mitgliedschaft erwachsenden Verpflichtungen übernehmen und sich auch die Ziele der politischen Union sowie der Wirtschafts- und Währungsunion zu eigen machen können" (Europäischer Rat Kopenhagen 1993, S. 13).

Besonders Deutschland arbeitet eng mit den neuesten Mitgliedern und Perspektivstaaten der Union in Ost- und Südosteuropa zusammen, damit diese sich den Kopenhagener Kriterien annähern und die Lebensstandards der dortigen Bevölkerung verbessern werden. Bereits vor deren Beitritt wurde die wirtschaftliche und politische Annäherung an die Union in den 1990er-Jahren gefördert und begleitet. Hierbei spielen auch die neuesten soziopolitischen Herausforderungen, wie etwa die Flüchtlingskrise, eine entscheidende Rolle. Auch den Beitrittskandidaten bietet Deutschland eine enge Kooperation an. In Serbien etwa engagiert sich die Bundesregierung bei der Verbesserung der Bedingungen des Arbeitsmarktes, in der Ukraine wird der Wiederaufbau der sozialen und kommunalen Infrastruktur in den östlichen Kriegsgebieten des Landes unterstützt. Auch bei der Erfüllung der Kriterien der jeweiligen Assoziierungsabkommen mit der EU hilft die Bundesregierung den Anrainerstaaten (vgl. Bundesministerium für wirtschaftliche Zusammenarbeit und Entwicklung 2016, S. 3).

Die Diskrepanz zwischen dem in den Kopenhagener Kriterien dokumentierten Anspruch der EU und den realen Gegebenheiten vor Ort der Beitrittskandidaten ist auch 23 Jahre nach der Formulierung der Kopenhagener Kriterien immens. In den Nachfolgestaaten des ehemaligen Jugoslawien ringen die Regierungen noch immer mit dem Erbe des Balkankrieges in den 1990er-Jahren und scheitern schon an der Aufgabe der lokalen Integration, wie das fragile Beispiel Bosnien-Herzegowina zeigt, wo die alten, nie befriedeten Gegensätze zwischen den Ethnien inzwischen wieder aufflammen (vgl. Heute.de 2016). Von einem erfolgreichen Nation-Building ist man hier besonders weit entfernt. Auch gibt es in dieser Region Länder wie Armenien, Georgien oder den Konfliktherd Ukraine, die mit der EU eine sogenannte „Östliche Partnerschaft" geschlossen haben, die nicht zwangsläufig zur Vollmitgliedschaft in der Gemeinschaft führt. In diesen Staaten, die traditionell eng mit Russland verbunden sind, tritt Moskau immer öfter als Konkurrent der EU um politischen und wirtschaftlichen Einfluss auf und hemmt die Integrationsbemühungen des europäischen Staatenbundes (vgl. Luther 2015). Das Konzept des Nation-Building zur besseren Integration in die EU steht also vor komplexen geopolitischen und soziokulturellen Herausforderungen, deren Lösung nur langfristiger Natur sein kann. Es ist überdies eine Diskussion innerhalb der Gemeinschaft nötig, ob die EU aufgrund der aktuellen Entwicklungen eine weitere Ausdehnung überhaupt möchte, da es über Großbritannien hinaus auch in anderen Ländern Bestrebungen gibt, die Union zu verlassen oder zumindest die Bindungen zu ihr zu lockern.

4. Fazit

Dass ein Mehr an Integration in der EU in der bisher jahrzehntelang praktizierten Form nicht weiter fortgeschrieben werden kann, sollte den aufmerksamen Beobachtern der aktuellen Tagespolitik nicht entgangen sein. Wie eine Neuorientierung dieser für alle Beteiligten grundsätzlich zweifellos vorteilhaften Gemeinschaft gelingen soll, ist allerdings strittig – und schwierig. Zunächst sollte man ein höheres Maß an Demokratie und Transparenz in den eigenen supranationalen Institutionen implementieren, dieser allgemeine Einwand ist plausibel. Was allerdings auch nötig ist, ist die Möglichkeit dieser Institutionen, auf die regionalen Gegebenheiten und Geschehnisse vor Ort, also in den Mitgliedsstaaten, individueller eingehen zu können, auch und vor allem mit Sanktionen bei eklatanten Verletzungen der Werte, die diese Gemeinschaft ausmachen, denn das war sie ursprünglich: Eine Wertegemeinschaft, die nach dem verheerenden Zweiten Weltkrieg eine Annäherung durch wirtschaftliche Zusammenarbeit suchte. Heute ist die Auffassung vieler Länder umgekehrt. Begehrt ist nach wie vor die Partizipation am gemeinsamen Binnenmarkt, die Bestimmung der Werte jedoch soll weiterhin im nationalen Rahmen verbleiben, zum Beispiel, ob man bereit ist, Flüchtlinge aufzunehmen.

Die Vision Coudenhove-Kalergis einer vollständigen Verschmelzung Europas unter der Tilgung der Nationalstaaten ist nach heutigem Kenntnisstand nicht realisierbar. De Gaulles differenzierteres Denkmodell eines Europas der Vaterländer könnte eher ein Leitfaden künftiger Handlungen sein. Nicht umsonst hat er sich lange gegen eine Mitgliedschaft Großbritanniens gewehrt, das dem Staatenbund nur aus wirtschaftlichen Interessen beigetreten ist. Da dieser wirtschaftliche Vorteil nicht ohne ein gewisses Maß an Eigenleistung zu haben ist, ist der perspektivische Austritt Londons nur zwangsläufig. Das Konstrukt ist seit der ohne eine angemessen durchgeführte Vorbereitung erfolgten Eintrittswelle der Ex-Warschauer-Pakt-Staaten seit den 1990er-Jahren ohnehin ein aufgeblähtes, kaum zu vereinheitlichendes transnationales Monstrum, das in letzter Konsequenz nicht vollständig, sondern nur graduell zu integrieren ist. Angesichts der aktuellen Entwicklungen wäre hier eher ein gewisses Maß an Desintegration statt Integration vonnöten. Es kann zum Beispiel nicht sein, dass ein Mitgliedsstaat gegen das eigene Verfassungsgericht vorgeht, weil der nationalkonservativen Regierung dessen personelle Besetzung nicht gefällt.

Der Austritt Großbritanniens ist nicht zuletzt deswegen ein so großes Problem, weil es keinen geordneten, vorgezeichneten Exit aus der Gemeinschaft gibt und Tausende von Verträgen entwirrt werden müssen, um einem Mitglied den Austritt zu ermöglichen. Diese Option muss die EU-Administration jedoch erarbeiten, ausdrücklich auch für den Fall, dass die Gemeinschaft einen Staat bei grober Missachtung der Werte ausschließen kann. Dies soll durchaus nach sanktionierenden Vorstufen die letzte Variante sein – aber sie muss bei der Größe der Gemeinschaft und den großen individuellen soziopolitischen und soziokulturellen Unterschieden der Mitglieder vorhanden sein. Es ist bedauerlich, dass Joschka Fischer nachträglich von seiner Vision eines Kerneuropa und seiner Peripherie abgerückt ist, deren Integration sich in zwei Geschwindigkeiten fortbewegen kann: Eine auch geopolitisch verschlankte europäische Union, die den Grundgedanken de Gaulles und Adenauers bewahrt und pluralistische Werte nachhaltig der wirtschaftlichen Integration voranstellt, unter dem Erhalt nationaler und regionaler Eigenständigkeit, gewährleistet durch eine wirkungsvolle Subsidiarität. Wenn aufgrund der aktuellen weltpolitischen Lage ein Politikfeld eine weitere Vertiefung erfahren sollte, wäre es dasjenige der Außen- und Verteidigungspolitik, um sich dahingehend von den USA zu emanzipieren und selbstbewusster gegenüber Russland auftreten zu können, was andererseits wiederum nicht heißen soll, Moskau durch ein weiteres Vordringen in seine gefühlte Machthemisphäre zu brüskieren, zumal die oben formulierten Ausführungen unterstreichen, dass eine weitere Expansion und Integration von Staaten, die noch Jahrzehnte brauchen, um sich adäquat in die EU zu integrieren, nicht sinnvoll sind.

Charles de Gaulle soll einmal gesagt haben: „Europa, das sind Frankreich und Deutschland, der Rest sind Beilagen.“ Ausgehend von den pluralistischen Werten und der Wirtschaftskraft, die beide Führungsnationen auf dem alten Kontinent repräsentieren, sollte sich die EU erneuern, auch wenn dies ein schmerzhafter Prozess sein wird. Allein, er scheint unausweichlich.

Literaturverzeichnis

Altmann, Gerhard (2008): Churchills Vision der Vereinigten Staaten von Europa: http://www.europa.clio-online.de/essay/id/artikel-3428 (13.12.2016).

Blessing, Ralph (2008): Der mögliche Frieden. Die Modernisierung der Außenpolitik und die deutsch-französischen Beziehungen 1923-1929. München.

Bundesministerium für wirtschaftliche Zusammenarbeit und Entwicklung (Hrsg.) (2016): Fokus Europa. Krisen und Gräben überwinden, regionale und europäische Integration vorantreiben: https://www.bmz.de/de/mediathek/publikationen/reihen/strategiepapiere/Strategiepapier372_07_2016.pdf (11.12.2016).

Bundeszentrale für politische Bildung (2016): Europa der Vaterländer: http://www.bpb.de/nachschlagen/lexika/176853/europa-der-vaterlaender (28.11.2016).

Cioli, Monica (2003): Pragmatismus und Ideologie. Organisationsformen des deutschen Liberalismus zur Zeit der Zweiten Reichsgründung (1878-1884). Berlin.

Cremer, Wolfram (2012): § 83 Grundgesetzliche Grenzen der Kompetenzübertragung auf die EU und das Lissabon-Urteil des Bundesverfassungsgerichts. In: Härtel, Ines (Hrsg.): Handbuch Föderalismus – Föderalismus als demokratische Rechtsordnung und Rechtskultur in Deutschland, Europa und der Welt. Band IV: Föderalismus in Europa und der Welt. Berlin/Heidelberg. S. 241-260.

Defrance, Corine/Pfeil, Ulrich (2014): Der Elysée-Vertrag und die deutsch-französischen Beziehungen. Vom Ereignis zum Erinnerungsort. In: Gilzmer, Mechthild/Lüsebrink, Hans-Jürgen/Vatter, Christoph (Hrsg.): 50 Jahre Elysée-Vertrag (1963-2013). Traditionen, Herausforderungen, Perspektiven. Bielefeld. S. 81-106.

Dejure.org (2016): Art. 5 EG-Vertrag: https://dejure.org/gesetze/EG/5.html (03.12.2016).

Dejure.org (2016): Art. 12 EU-Vertrag: https://dejure.org/gesetze/EU/12.html (03.12.2016).

Europäischer Rat Kopenhagen 21.-22. Juni 1993: Schlussfolgerungen des Vorsitzes: http://www.consilium.europa.eu/ueDocs/cms_Data/docs/pressData/de/ec/72924.pdf (04.12.2016).

Gnauck, Gerhard (2016): Visegrád-Staaten. Geschlossen gegen Merkel: http://www.faz.net/aktuell/politik/ausland/europa/visegrad-staaten-geschlossen-gegen-merkel-14407312.html (29.11.2016).

Grözinger, Gerd (2003): Die „Vereinigten Parlamente von Europa" und weitere Überlegungen zur subsidiären Demokratie. In: Offe, Claus (Hg.): Demokratisierung der Demokratie. Diagnosen und Reformvorschläge. Frankfurt am Main. S. 211-231.

Gujer, Eric (2016): Europa und die US-Aussenpolitik. Bruder Trump: http://www.nzz.ch/meinung/europa-und-die-us-aussenpolitik-bruder-trump-ld.125814 (01.12.2016).

Heute.de vom 25.09.2016 (ohne Autor): Bosnien-Herzegowina. Angst vor neuer Gewalt auf dem Balkan: http://www.heute.de/bosnien-herzegowina-referendum-ueber-nationalfeiertag-in-serbischer-republik-srpska-45366324.html (04.12.2016).

Howarth, Marianne (2003): Stationen zum Deutschlandvertrag: Vom Besatzungs-Statut zur Erlangung der Souveränität. In: Timmermann, Heiner (Hrsg.): Deutschlandvertrag und Pariser Verträge. Im Dreieck von Kaltem Krieg, deutscher Frage und europäischer Sicherheit. Münster.

Kalina, Ondrej (2009): Ein Kontinent – Eine Nation? Prolegomena zur Bildung eines supranationalen Demos. Wiesbaden.

Kohler-Koch, Beate/Conzelmann, Thomas/Knodt, Michele (2004): Europäische Integration - Europäisches Regieren. Wiesbaden.

Kotthoff, Marcel (2011): Die Entwicklung der deutsch-französischen Sicherheitskooperation seit dem Ende des Ost-West-Konflikts. Wiesbaden.

Krupa, Matthias (2013): Völker hören keine Signale. Europas Parlament könnte so viel gestalten wie noch nie. Doch Europas Bürger interessiert das nicht: http://www.zeit.de/2013/22/europa-parlament-machtzuwachs/komplettansicht (04.12.2016).

Livingston, Robert G. (1994): Großes Interesse – geringes Engagement. Der amerikanische Präsident Clinton beginnt mit seinem Besuch „ein Jahr für Europa": http://www.zeit.de/1994/02/grosses-interesse-geringes-engagement/komplettansicht (01.12.2016).

Luther, Carsten (2015): EU-Gipfel. Der Schatten Russlands: http://www.zeit.de/politik/ausland/2015-05/eu-gipfel-riga-oestliche-partnerschaft-russland-ukraine (05.12.2016).

Müller-Brandeck-Bocquet, Gisela/Rüger, Carolin (2015): Die Außenpolitik der EU. Berlin.

Piepenschneider, Melanie (2005): Vertragsgrundlagen und Entscheidungsverfahren. In: Informationen zur politischen Bildung. Heft 279. S. 23.

Rovan, Joseph (1992): Europa der Vaterländer oder Nation Europa? In: Koslowski, Peter (Hrsg.): Europa imaginieren. Der europäische Binnenmarkt als kulturelle und wirtschaftliche Aufgabe. Berlin/Heidelberg. S. 55-74.

Ruge, Undine (2003): Die Erfindung des „Europa der Regionen". Kritische Ideengeschichte eines konservativen Konzepts. Frankfurt/Main.

Scholz, Rupert (2013): Europa: Das Ende der nationalen Demokratie? In: Focus Magazin. Ausgabe 22/2013. S. 44-47.

Solka, Svenja (2015): Die Industriepolitik der Europäischen Union. Analyse ihres Verhältnisses zur europäischen Wettbewerbspolitik anhand der Regelung des Art. 173 Abs. 3 Uabs. 2 AEUV. Tübingen.

Süddeutsche Zeitung vom 12.10.2016 (ohne Autor): Trotz Brexit: London will weiter Zugang zum EU-Binnenmarkt: http://www.sueddeutsche.de/news/politik/eu-trotz-brexit-london-will-weiter-zugang-zum-eu-binnenmarkt-dpa.urn-newsml-dpa-com-20090101-161012-99-783554 (07.12.2016).

Welt.de vom 29.06.2016 (ohne Autor): AfD will nach Brexit Besinnung auf „Europa der Vaterländer": https://www.welt.de/regionales/baden-wuerttemberg/article156671464/AfD-will-nach-Brexit-Besinnung-auf-Europa-der-Vaterlaender.html (28.11.2016).

Zelinsky, Hartmut (1997): Das Reich, der Posteritätsblick und die Erzwingung des Feindes. Rudolf Borchardts Aufsatz *Der Kaiser* aus dem Jahr 1908 und seine Wende zur Politik. In: Osterkamp, Ernst (Hrsg.): Rudolf Borchardt und seine Zeitgenossen. Berlin.

Zschiedrich, Harald (1993): Binnenmarkt Europa. Einführung in die Grundlagen. Wiesbaden.